300

D0470639

ETHOS. Muse Publishing House is driven to be your muse, your inspiration for deep thinking, exciting ideas, mindfulness, and meditation.

Unlock your creative potential. Find focus in a moment of contemplation centered solely on the page of a beautifully-designed book.

Challenge yourself. Celebrate the little victories — like when you finally solve that puzzle you'd been stumped on.

Founded by an Interior Designer, Muse Publishing House moreover strives to bring you books beautiful enough to leave out on your coffee table or nightstand — unique from cover to cover.

EASY

SUDOKU

TWENTY-FIVE
VERY EASY
SUDOKU
PUZZLES

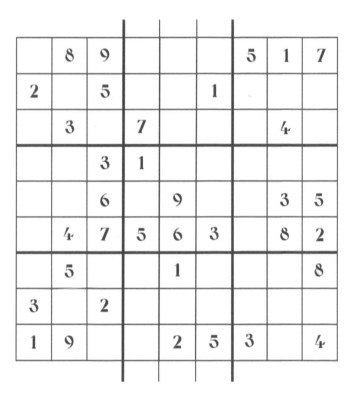

Sakura Sudoku Series | Very Easy

ONE.

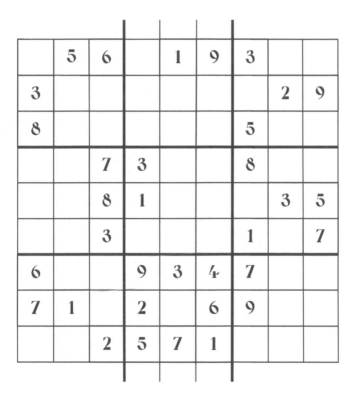

Sakura Sudoku Series | Very Easy

TWO.

MUSE PUBLISHING HOUSE

4			6		8	3		9
6	1			5			8	4
9		8	4		3			
	6			9		8		
		1			4	2	3	5
		5	3				1	
1	7	4		3		6		
2	8					1		
5			9	8				2

THREE.

Sakura Sudoku Series | Very Easy

MUSE PUBLISHING HOUSE

		5			4		1	8
4				5			3	6
		8						5
	2	4		7	5	8		3
8	9			3	1	2	5	
7			6				9	4
	3			4				
5	4	1		2		6	7	
						3	4	

FOUR.

Sakura Sudoku Series | Very Easy

	6				1			
4	3	1	9		2	6		7
	8	2	6			3	1	
		6	8	2		9		5
	5				6	7	8	2
	2	9	3					
5	1				9			
2					3			
		7	2				9	

Sakura Sudoku Series | Very Easy

FIVE.

Sakura Sudoku Series | Very Easy

3			5			9	7	6
	7				9	2	3	
				3	4		5	
				9			2	7
	9		8	4		3	1	
7		4	2	5	1			9
	8				3	5	9	
5	1	3	9	7				
6			4	1	5	7		

SIX.

MUSE PUBLISHING HOUSE

	4	2				5	8	
9	5				3		4	
8		6	5	2	4		9	3
1		5	9	7			6	
		3	4	1		7		
					6	8		1
						6		
4	2	7	6	8			3	5
		9				4		

SEVEN.

Sakura Sudoku Series | Very Easy

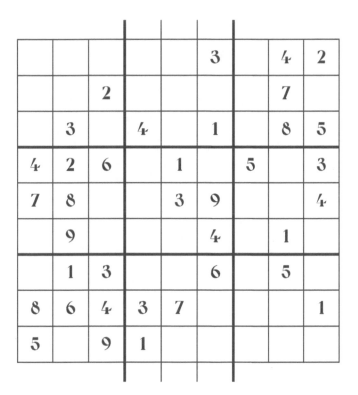

EIGHT.

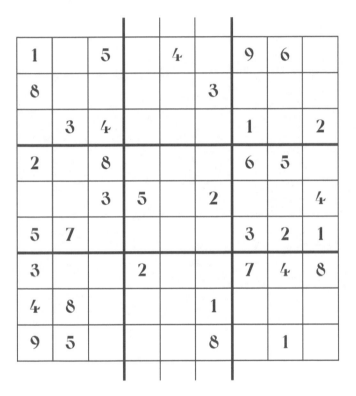

Sakura Sudoku Series | Very Easy

NINE.

				8				6
4	6		3	9			1	
		8			6			9
5		7	8		3			
		1		5				
	2	3	9					4
2	7	4		1			6	3
						4	7	5
3				4	9	2		1

TEN.

MUSE PUBLISHING HOUSE

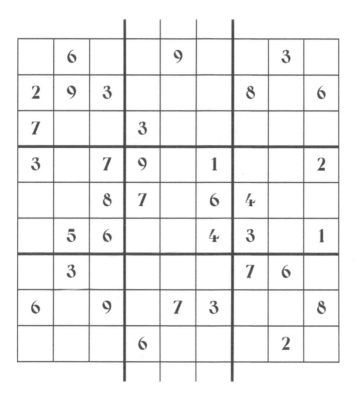

Sakura Sudoku Series | Very Easy

ELEVEN.

MUSE PUBLISHING HOUSE

5		2		7			6	1
6	9	7	2			4	3	
		8	5			2		
	7			5		1	8	4
	8	5	7	3	1		2	6
	1	6		4		7		3
		1		9				
	5	3				6		
	6		1		5			7

Sakura Sudoku Series | Very Easy

TWELVE.

Sakura Sudoku Series | Very Easy

2	5	1					3	
	6					4		7
8		4		3				1
6	3	9	4	1		8		
	4	8	3	2		1		9
				9	6			
		5	2					
		7			3	6	5	8
3				7				4

THIRTEEN.

MUSE PUBLISHING HOUSE

Sakura Sudoku Series | Very Easy

	4	2		5	7	9	1	
	5				9	3		
	6		3	4	2	7		5
4		9		6	5	8		
	1			9				
	7							
	8	3						
1			9					7
7	9		4			1	3	8

FOURTEEN.

MUSE PUBLISHING HOUSE

5			8					4
			3	6	7	5		1
	2		9	4	5	3	8	7
		4		8	1	7	6	
			2			9		8
	3					4		
	1	2	4					9
		7		2	9	1	3	
		9		7	8		4	

FIFTEEN.

Sakura Sudoku Series | Very Easy

Sakura Sudoku Series | Very Easy

			9	4				
	8		5	3			1	
4		6					2	
		2			3	7		1
6		9		2			4	
	1	4			5		9	8
	4		1	5		6	8	2
		8		6	7	1		4
	6	1	2		4		3	7

SIXTEEN.

5	8			4	1	7		
1	6	7	9	8	2		3	4
2		4	5					9
	1	2				4		
4	5	3	6		9		8	
		1	2		5		4	
9		6	8					3
8	2			9	3	6	7	1

SEVENTEEN.

Sakura Sudoku Series | Very Easy

1		3	4	9				
4			3	2	8			1
2		7					9	
9	1			3	4		7	
7		5			2	3		6
3		6		1			4	9
5		4	2		3		8	
6						2		5
		2	5			9		

EIGHTEEN.

Sakura Sudoku Series | Very Easy

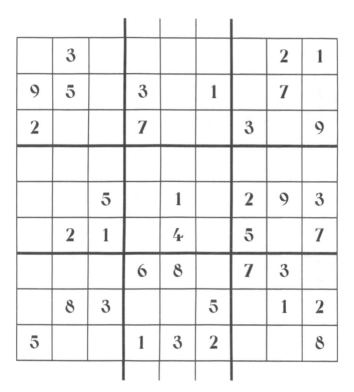

NINETEEN.

Sakura Sudoku Series | Very Easy

1		9		2	4	8	5	
7	4						3	
	6			7				4
	2	1	4				9	3
		7			2	1	4	
4	5	3	9			2		8
	7				1	4	8	9
	8			4		3		1
	1			8			2	6

TWENTY.

Sakura Sudoku Series | Very Easy

4		7		8		2		
8	6			1				
	9		7		2	6		
9	8			4			6	
			8		1		7	9
7		6			9			
3		8			4	5		
		9	5	7		8	1	4
	5		6		8		3	7

Sakura Sudoku Series | Very Easy

TWENTY-ONE.

2		4		8			3	
	7	3			9			8	
5	8				6		2	
		3			5		6	
	1					4		8
4			8			3	9	7
			6		8			9
1				5			7	
9	7		1				4	6

TWENTY-TWO.

		7				3		
5	8	4	2					9
		2	9		5	4		6
		3		2			5	
8	5							
	2				4	6	7	
2	3				1	5		4
		8		3				
7	6	5			2	1		8

TWENTY-THREE.

			6	2		8		3
8		4				1		7
9						5		
4	1	8					3	9
					8	4	2	
		5		4	7			
	4		7			2	1	
1	5		4	8	3		7	6
			1	9	2		5	4

Sakura Sudoku Series | Very Easy

TWENTY-FOUR.

6	4			9				5
2	5	1				9		
			5	2			7	
		8	6		5			2
	3				9			
7	2	5		3	1		9	8
8		4		1	6		5	
			9	4	2		8	1
		2		5	7			3

TWENTY-FIVE.

Sakura Sudoku Series | Very Easy

MUSE PUBLISHING HOUSE

TWENTY-FIVE
E A S Y
SUDOKU
PUZZLES

		9	2			8		1
3	6	8	5		9	4		7
1			3			5		9
5		7	4	3				
9							5	4
	2						8	
6	7		1	9	8			2
	3		6				7	
	9		7		3	6		

TWENTY-SIX.

Sakura Sudoku Series | Easy

MUSE PUBLISHING HOUSE

						9	6	
9		6	8		2	1	3	7
3	2					8	4	5
	1	8		6		2		
7			5		1			6
	6	3	2				5	
2		9					7	8
	3		6					
	8							

Sakura Sudoku Series | Easy

TWENTY-SEVEN.

MUSE PUBLISHING HOUSE

			6		5			4
2				9	8	6		5
5	6		7	4		8	1	
	3		2	1				
6			5			1		
	2		9					
	1						8	7
4	7	2				9	5	3
		8	4	7			6	

TWENTY-EIGHT.

MUSE PUBLISHING HOUSE

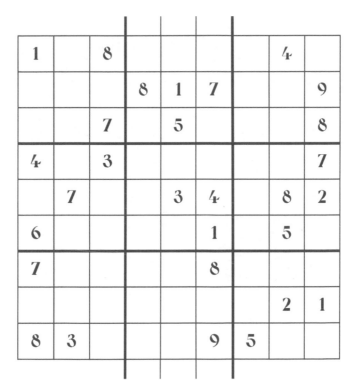

Sakura Sudoku Series | Easy

TWENTY-NINE.

Sakura Sudoku Series | Easy

		1	2	9	8			
	8							
					3			
			8		6		4	3
8	4		7	3		6		9
6			4	5	9		7	
1	7	4						8
							3	
2			9	4				

THIRTY.

		5	6					
			9		8	7		
9		6			5		4	8
7	3		4	5	1	8	2	
8	1	2			9			
	6		7		2		9	
				7		9		
	5				4		1	
6				1				

THIRTY-ONE.

Sakura Sudoku Series | Easy

8	4	6	5		7			
1					8		9	
2	5	9			3	8		
		2					8	
3	8							9
	9			8	2		6	
	6		1	2			5	
	2		7				1	8
			8	3	6	7		2

THIRTY-TWO.

MUSE PUBLISHING HOUSE

6		8	2			5		
					7	1	4	
4		7		1	8	3	2	6
9				8	5		1	
	6	5	1		2			
	7				6			5
2		1	3		9			
7							5	
					1			

Sakura Sudoku Series | Easy

THIRTY-THREE.

MUSE PUBLISHING HOUSE

	7	2	6	9		5	1	
5		1		7				
3			1		5	2		
	2			8			9	1
								4
		7	3	6		1		
	1		7		4			3
	3	4		5		8		

Sakura Sudoku Series | Easy

THIRTY-FOUR.

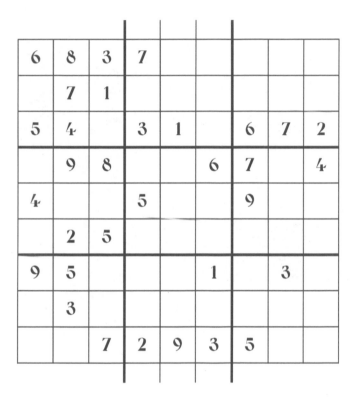

Sakura Sudoku Series | Easy

THIRTY-FIVE.

	4			7	6	9		1
		6		1	9			
1				5				
	6	1	9	2		8	4	
	8		6		5		2	7
				8		6		
								8
4	1							
6			1	3	8			9

Sakura Sudoku Series | Easy

THIRTY-SIX.

			6		7	1	3	
6	3		8		1		9	
		7		3	5		6	
					3			
	7			9				
			5					9
3	6	2				5		1
	9		3	5		7		
		8		6			2	

THIRTY-SEVEN.

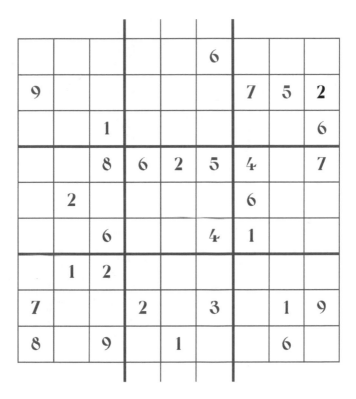

Sakura Sudoku Series | Easy

THIRTY-EIGHT.

	7	1	2					8
	2		8		1			
4	3							
2		6	9	7		3	4	
9		7		5	3			2
		3				7	1	9
	9		7	6				
7	8			1			9	4
		5		8				3

THIRTY-NINE.

Sakura Sudoku Series | Easy

				5				
			8		9			2
	4							
9	8	1	6	2				4
		7	9			5		
3	5	4	7		8			
7		5			3		8	
4				8		6		7
			4	9				1

FORTY.

Sakura Sudoku Series | Easy

4	2	1	5		7			
5	3	9	2			4	7	
	7	8				3		
	4	6						
	9			8		2	3	
		7			3		4	
			4			8		
9	5			2	6		1	
8		2	3	7		6		

FORTY-ONE.

Sakura Sudoku Series | Easy

4							5	
						2	3	
3		8		9			7	
		2						
			2	7		5		9
7		6	3	8		1		
			9					
	4	9	8			6	2	3
		7		2	3		9	

FORTY-TWO.

		7	1					3
							5	
4				6	3	9	8	7
			8		5			
8				9		4		5
	5	1	4			7	9	8
		5		2		3	1	
7		4			8			9
1			3					

FORTY-THREE.

	9	1	7	6	5			
					4	5		
		4		2	8	6	1	
9			3					1
3				1	7			9
	4	7				8		
7	2	9	6				3	
				7			2	
4			2	8	3			

Sakura Sudoku Series | Easy

FORTY-FOUR.

4	1	8		9		7	2	
					2	1		
	5	2	1			6		
	9	5			3			6
		4			9	8	5	
	2	1				3		
1	4							
2							6	
		6			8			

FORTY-FIVE.

Sakura Sudoku Series | Easy

	7	9			4			6
3			6					2
	5			2		9		
4	6					8		
9			5		2			
		3		6	9	1		
	2	6	9			3		
	9			5				
		5	7		6			

FORTY-SIX.

Sakura Sudoku Series | Easy

9		5	4	3	1	7	6	
7				8	2			3
		2	9		6			5
4			6		7		1	9
								8
				1	5	4		
	9			6	8	3		
8		3			4			
	1	6		9				4

FORTY-SEVEN.

			7			4		8
		4	5	8				
	8	6			3	5		
		2	4			7		5
8		7		1	6			9
							8	3
2			9				1	
		3			1		5	
				3			2	

FORTY-EIGHT.

MUSE PUBLISHING HOUSE

Sakura Sudoku Series | Easy

	9		4					6
5	6						7	
		4	3	9			8	
3	2				8			9
6		7		1	5			
						6		
		6						
1	7	9			4			8
	3		8			4	9	

FORTY-NINE.

			4		3			
3			2	6	1			
			5		7	4	2	3
		4		3	5			
			1			8		9
2		7	8	4	6			1
6					9	1		
				1		7		
4	7	1	3				9	

FIFTY.

MUSE PUBLISHING HOUSE

4	8	9	2	3	6	5	1	7
2	7	5	9	4	1	8	6	3
6	3	1	7	5	8	2	4	9
5	2	3	1	8	7	4	9	6
8	1	6	4	9	2	7	3	5
9	4	7	5	6	3	1	8	2
7	5	4	3	1	9	6	2	8
3	6	2	8	7	4	9	5	1
1	9	8	6	2	5	3	7	4

ONE.

2	5	6	4	1	9	3	7	8
3	7	1	8	6	5	4	2	9
8	4	9	7	2	3	5	6	1
1	9	7	3	5	2	8	4	6
4	6	8	1	9	7	2	3	5
5	2	3	6	4	8	1	9	7
6	8	5	9	3	4	7	1	2
7	1	4	2	8	6	9	5	3
9	3	2	5	7	1	6	8	4

TWO.

MUSE PUBLISHING HOUSE

4	5	7	6	1	8	3	2	9
6	1	3	2	5	9	7	8	4
9	2	8	4	7	3	5	6	1
3	6	2	1	9	5	8	4	7
7	9	1	8	6	4	2	3	5
8	4	5	3	2	7	9	1	6
1	7	4	5	3	2	6	9	8
2	8	9	7	4	6	1	5	3
5	3	6	9	8	1	4	7	2

THREE.

3	6	5	2	9	4	7	1	8
4	7	2	1	5	8	9	3	6
9	1	8	3	6	7	4	2	5
1	2	4	9	7	5	8	6	3
8	9	6	4	3	1	2	5	7
7	5	3	6	8	2	1	9	4
2	3	9	7	4	6	5	8	1
5	4	1	8	2	3	6	7	9
6	8	7	5	1	9	3	4	2

FOUR.

7	6	5	4	3	1	8	2	9
4	3	1	9	8	2	6	5	7
9	8	2	6	5	7	3	1	4
1	7	6	8	2	4	9	3	5
3	5	4	1	9	6	7	8	2
8	2	9	3	7	5	4	6	1
5	1	3	7	6	9	2	4	8
2	9	8	5	4	3	1	7	6
6	4	7	2	1	8	5	9	3

FIVE.

3	4	1	5	8	2	9	7	6
8	7	5	1	6	9	2	3	4
9	6	2	7	3	4	1	5	8
1	5	8	3	9	6	4	2	7
2	9	6	8	4	7	3	1	5
7	3	4	2	5	1	8	6	9
4	8	7	6	2	3	5	9	1
5	1	3	9	7	8	6	4	2
6	2	9	4	1	5	7	8	3

SIX.

3	4	2	1	9	7	5	8	6
9	5	1	8	6	3	2	4	7
8	7	6	5	2	4	1	9	3
1	8	5	9	7	2	3	6	4
2	6	3	4	1	8	7	5	9
7	9	4	3	5	6	8	2	1
5	3	8	7	4	9	6	1	2
4	2	7	6	8	1	9	3	5
6	1	9	2	3	5	4	7	8

SEVEN.

6	5	8	7	9	3	1	4	2
1	4	2	6	5	8	3	7	9
9	3	7	4	2	1	6	8	5
4	2	6	8	1	7	5	9	3
7	8	1	5	3	9	2	6	4
3	9	5	2	6	4	7	1	8
2	1	3	9	8	6	4	5	7
8	6	4	3	7	5	9	2	1
5	7	9	1	4	2	8	3	6

EIGHT.

1	2	5	8	4	7	9	6	3
8	9	6	1	2	3	4	7	5
7	3	4	9	5	6	1	8	2
2	4	8	3	1	9	6	5	7
6	1	3	5	7	2	8	9	4
5	7	9	6	8	4	3	2	1
3	6	1	2	9	5	7	4	8
4	8	2	7	6	1	5	3	9
9	5	7	4	3	8	2	1	6

NINE.

9	1	5	4	8	7	3	2	6
4	6	2	3	9	5	7	1	8
7	3	8	1	2	6	5	4	9
5	4	7	8	6	3	1	9	2
8	9	1	2	5	4	6	3	7
6	2	3	9	7	1	8	5	4
2	7	4	5	1	8	9	6	3
1	8	9	6	3	2	4	7	5
3	5	6	7	4	9	2	8	1

TEN.

Sakura Sudoku Series | Solutions

MUSE PUBLISHING HOUSE

4	6	1	5	9	8	2	3	7
2	9	3	1	4	7	8	5	6
7	8	5	3	6	2	9	1	4
3	4	7	9	5	1	6	8	2
1	2	8	7	3	6	4	9	5
9	5	6	8	2	4	3	7	1
8	3	2	4	1	5	7	6	9
6	1	9	2	7	3	5	4	8
5	7	4	6	8	9	1	2	3

ELEVEN.

5	3	2	9	7	4	8	6	1
6	9	7	2	1	8	4	3	5
1	4	8	5	6	3	2	7	9
3	7	9	6	5	2	1	8	4
4	8	5	7	3	1	9	2	6
2	1	6	8	4	9	7	5	3
7	2	1	3	9	6	5	4	8
9	5	3	4	8	7	6	1	2
8	6	4	1	2	5	3	9	7

TWELVE.

MUSE PUBLISHING HOUSE

2	5	1	7	8	4	9	3	6
9	6	3	1	5	2	4	8	7
8	7	4	6	3	9	5	2	1
6	3	9	4	1	5	8	7	2
5	4	8	3	2	7	1	6	9
7	1	2	8	9	6	3	4	5
4	8	5	2	6	1	7	9	3
1	2	7	9	4	3	6	5	8
3	9	6	5	7	8	2	1	4

THIRTEEN.

3	4	2	8	5	7	9	1	6
8	5	7	6	1	9	3	4	2
9	6	1	3	4	2	7	8	5
4	3	9	2	6	5	8	7	1
5	1	8	7	9	4	2	6	3
2	7	6	1	8	3	5	9	4
6	8	3	5	7	1	4	2	9
1	2	4	9	3	8	6	5	7
7	9	5	4	2	6	1	3	8

FOURTEEN.

MUSE PUBLISHING HOUSE

5	7	3	8	1	2	6	9	4
9	4	8	3	6	7	5	2	1
1	2	6	9	4	5	3	8	7
2	9	4	5	8	1	7	6	3
7	6	1	2	3	4	9	5	8
8	3	5	7	9	6	4	1	2
6	1	2	4	5	3	8	7	9
4	8	7	6	2	9	1	3	5
3	5	9	1	7	8	2	4	6

FIFTEEN.

1	3	5	9	4	2	8	7	6
2	8	7	5	3	6	4	1	9
4	9	6	7	1	8	3	2	5
8	5	2	4	9	3	7	6	1
6	7	9	8	2	1	5	4	3
3	1	4	6	7	5	2	9	8
7	4	3	1	5	9	6	8	2
9	2	8	3	6	7	1	5	4
5	6	1	2	8	4	9	3	7

SIXTEEN.

5	8	9	3	4	1	7	2	6
1	6	7	9	8	2	5	3	4
2	3	4	5	7	6	8	1	9
6	1	2	7	3	8	4	9	5
4	5	3	6	2	9	1	8	7
7	9	8	1	5	4	3	6	2
3	7	1	2	6	5	9	4	8
9	4	6	8	1	7	2	5	3
8	2	5	4	9	3	6	7	1

SEVENTEEN.

1	5	3	4	9	7	6	2	8
4	6	9	3	2	8	7	5	1
2	8	7	1	5	6	4	9	3
9	1	8	6	3	4	5	7	2
7	4	5	9	8	2	3	1	6
3	2	6	7	1	5	8	4	9
5	9	4	2	6	3	1	8	7
6	7	1	8	4	9	2	3	5
8	3	2	5	7	1	9	6	4

EIGHTEEN.

MUSE PUBLISHING HOUSE

Sakura Sudoku Series | Solutions

7	3	6	5	9	8	4	2	1
9	5	4	3	2	1	8	7	6
2	1	8	7	6	4	3	5	9
3	9	7	2	5	6	1	8	4
4	6	5	8	1	7	2	9	3
8	2	1	9	4	3	5	6	7
1	4	2	6	8	9	7	3	5
6	8	3	4	7	5	9	1	2
5	7	9	1	3	2	6	4	8

NINETEEN.

1	3	9	6	2	4	8	5	7
7	4	8	1	9	5	6	3	2
5	6	2	8	7	3	9	1	4
6	2	1	4	5	8	7	9	3
8	9	7	3	6	2	1	4	5
4	5	3	9	1	7	2	6	8
2	7	6	5	3	1	4	8	9
9	8	5	2	4	6	3	7	1
3	1	4	7	8	9	5	2	6

TWENTY.

4	3	7	9	8	6	2	5	1
8	6	2	4	1	5	7	9	3
5	9	1	7	3	2	6	4	8
9	8	3	2	4	7	1	6	5
2	4	5	8	6	1	3	7	9
7	1	6	3	5	9	4	8	2
3	7	8	1	9	4	5	2	6
6	2	9	5	7	3	8	1	4
1	5	4	6	2	8	9	3	7

TWENTY-ONE.

2	6	4	5	8	7	9	3	1
7	3	1	4	9	2	6	8	5
5	8	9	3	1	6	7	2	4
8	9	3	7	4	5	1	6	2
6	1	7	2	3	9	4	5	8
4	5	2	8	6	1	3	9	7
3	4	5	6	7	8	2	1	9
1	2	6	9	5	4	8	7	3
9	7	8	1	2	3	5	4	6

TWENTY-TWO.

Sakura Sudoku Series | Solutions

6	9	7	1	4	8	3	2	5
5	8	4	2	6	3	7	1	9
3	1	2	9	7	5	4	8	6
4	7	3	6	2	9	8	5	1
8	5	6	3	1	7	9	4	2
9	2	1	8	5	4	6	7	3
2	3	9	7	8	1	5	6	4
1	4	8	5	3	6	2	9	7
7	6	5	4	9	2	1	3	8

TWENTY-THREE.

5	7	1	6	2	4	8	9	3
8	2	4	5	3	9	1	6	7
9	3	6	8	7	1	5	4	2
4	1	8	2	5	6	7	3	9
7	6	3	9	1	8	4	2	5
2	9	5	3	4	7	6	8	1
3	4	9	7	6	5	2	1	8
1	5	2	4	8	3	9	7	6
6	8	7	1	9	2	3	5	4

TWENTY-FOUR.

6	4	7	1	9	3	8	2	5
2	5	1	7	6	8	9	3	4
3	8	9	5	2	4	1	7	6
1	9	8	6	7	5	3	4	2
4	3	6	2	8	9	5	1	7
7	2	5	4	3	1	6	9	8
8	7	4	3	1	6	2	5	9
5	6	3	9	4	2	7	8	1
9	1	2	8	5	7	4	6	3

TWENTY-FIVE.

7	5	9	2	6	4	8	3	1
3	6	8	5	1	9	4	2	7
1	4	2	3	8	7	5	6	9
5	8	7	4	3	2	1	9	6
9	1	3	8	7	6	2	5	4
4	2	6	9	5	1	7	8	3
6	7	5	1	9	8	3	4	2
2	3	1	6	4	5	9	7	8
8	9	4	7	2	3	6	1	5

TWENTY-SIX.

MUSE PUBLISHING HOUSE

Sakura Sudoku Series | Solutions

8	7	4	3	1	5	9	6	2
9	5	6	8	4	2	1	3	7
3	2	1	9	7	6	8	4	5
5	1	8	4	6	7	2	9	3
7	9	2	5	3	1	4	8	6
4	6	3	2	8	9	7	5	1
2	4	9	1	5	3	6	7	8
1	3	7	6	9	8	5	2	4
6	8	5	7	2	4	3	1	9

TWENTY-SEVEN.

7	8	1	6	2	5	3	9	4
2	4	3	1	9	8	6	7	5
5	6	9	7	4	3	8	1	2
8	3	5	2	1	6	7	4	9
6	9	4	5	3	7	1	2	8
1	2	7	9	8	4	5	3	6
9	1	6	3	5	2	4	8	7
4	7	2	8	6	1	9	5	3
3	5	8	4	7	9	2	6	1

TWENTY-EIGHT.

1	6	8	9	2	3	7	4	5
2	5	4	8	1	7	3	6	9
3	9	7	4	5	6	2	1	8
4	1	3	5	8	2	6	9	7
5	7	9	6	3	4	1	8	2
6	8	2	7	9	1	4	5	3
7	2	5	1	6	8	9	3	4
9	4	6	3	7	5	8	2	1
8	3	1	2	4	9	5	7	6

TWENTY-NINE.

3	5	1	2	9	8	7	6	4
9	8	6	5	7	4	3	2	1
4	2	7	6	1	3	9	8	5
7	9	5	8	2	6	1	4	3
8	4	2	7	3	1	6	5	9
6	1	3	4	5	9	8	7	2
1	7	4	3	6	5	2	9	8
5	6	9	1	8	2	4	3	7
2	3	8	9	4	7	5	1	6

THIRTY.

MUSE PUBLISHING HOUSE

4	8	5	6	2	7	1	3	9
1	2	3	9	4	8	7	6	5
9	7	6	1	3	5	2	4	8
7	3	9	4	5	1	8	2	6
8	1	2	3	6	9	4	5	7
5	6	4	7	8	2	3	9	1
3	4	1	5	7	6	9	8	2
2	5	7	8	9	4	6	1	3
6	9	8	2	1	3	5	7	4

THIRTY-ONE.

8	4	6	5	9	7	2	3	1
1	3	7	2	6	8	5	9	4
2	5	9	4	1	3	8	7	6
6	7	2	9	4	1	3	8	5
3	8	4	6	7	5	1	2	9
5	9	1	3	8	2	4	6	7
7	6	8	1	2	4	9	5	3
4	2	3	7	5	9	6	1	8
9	1	5	8	3	6	7	4	2

THIRTY-TWO.

6	1	8	2	4	3	5	9	7
3	2	9	5	6	7	1	4	8
4	5	7	9	1	8	3	2	6
9	4	2	7	8	5	6	1	3
8	6	5	1	3	2	4	7	9
1	7	3	4	9	6	2	8	5
2	8	1	3	5	9	7	6	4
7	3	6	8	2	4	9	5	1
5	9	4	6	7	1	8	3	2

THIRTY-THREE.

4	7	2	6	9	3	5	1	8
5	6	1	8	7	2	4	3	9
3	9	8	1	4	5	2	7	6
7	2	5	4	8	6	3	9	1
1	8	9	5	3	7	6	2	4
6	4	3	2	1	9	7	8	5
9	5	7	3	6	8	1	4	2
8	1	6	7	2	4	9	5	3
2	3	4	9	5	1	8	6	7

THIRTY-FOUR.

Sakura Sudoku Series | Solutions

MUSE PUBLISHING HOUSE

Sakura Sudoku Series | Solutions

6	8	3	7	5	2	4	1	9
2	7	1	9	6	4	3	8	5
5	4	9	3	1	8	6	7	2
3	9	8	1	2	6	7	5	4
4	1	6	5	8	7	9	2	3
7	2	5	4	3	9	1	6	8
9	5	2	6	4	1	8	3	7
1	3	4	8	7	5	2	9	6
8	6	7	2	9	3	5	4	1

THIRTY-FIVE.

5	4	2	3	7	6	9	8	1
8	3	6	2	1	9	5	7	4
1	7	9	8	5	4	3	6	2
7	6	1	9	2	3	8	4	5
9	8	3	6	4	5	1	2	7
2	5	4	7	8	1	6	9	3
3	9	5	4	6	7	2	1	8
4	1	8	5	9	2	7	3	6
6	2	7	1	3	8	4	5	9

THIRTY-SIX.

Sakura Sudoku Series | Solutions

8	4	9	6	2	7	1	3	5
6	3	5	8	4	1	2	9	7
2	1	7	9	3	5	4	6	8
9	8	1	4	7	3	6	5	2
5	7	6	2	9	8	3	1	4
4	2	3	5	1	6	8	7	9
3	6	2	7	8	9	5	4	1
1	9	4	3	5	2	7	8	6
7	5	8	1	6	4	9	2	3

THIRTY-SEVEN.

2	8	3	7	5	6	9	4	1
9	6	4	1	3	8	7	5	2
5	7	1	4	9	2	3	8	6
1	9	8	6	2	5	4	3	7
4	2	7	3	8	1	6	9	5
3	5	6	9	7	4	1	2	8
6	1	2	8	4	9	5	7	3
7	4	5	2	6	3	8	1	9
8	3	9	5	1	7	2	6	4

THIRTY-EIGHT.

MUSE PUBLISHING HOUSE

5	7	1	2	4	6	9	3	8
6	2	9	8	3	1	4	5	7
4	3	8	5	9	7	1	2	6
2	1	6	9	7	8	3	4	5
9	4	7	1	5	3	8	6	2
8	5	3	6	2	4	7	1	9
3	9	4	7	6	2	5	8	1
7	8	2	3	1	5	6	9	4
1	6	5	4	8	9	2	7	3

THIRTY-NINE.

1	9	8	2	5	6	7	4	3
5	7	3	8	4	9	1	6	2
6	4	2	3	7	1	8	9	5
9	8	1	6	2	5	3	7	4
2	6	7	9	3	4	5	1	8
3	5	4	7	1	8	9	2	6
7	2	5	1	6	3	4	8	9
4	1	9	5	8	2	6	3	7
8	3	6	4	9	7	2	5	1

FORTY.

Sakura Sudoku Series | Solutions

4	2	1	5	3	7	9	6	8
5	3	9	2	6	8	4	7	1
6	7	8	9	4	1	3	5	2
3	4	6	1	9	2	5	8	7
1	9	5	7	8	4	2	3	6
2	8	7	6	5	3	1	4	9
7	6	3	4	1	9	8	2	5
9	5	4	8	2	6	7	1	3
8	1	2	3	7	5	6	9	4

FORTY-ONE.

4	6	1	7	3	2	9	5	8
9	7	5	6	4	8	2	3	1
3	2	8	1	9	5	4	7	6
8	9	2	4	5	1	3	6	7
1	3	4	2	7	6	5	8	9
7	5	6	3	8	9	1	4	2
2	8	3	9	6	4	7	1	5
5	4	9	8	1	7	6	2	3
6	1	7	5	2	3	8	9	4

FORTY-TWO.

Sakura Sudoku Series | Solutions

5	6	7	1	8	9	2	4	3
3	9	8	7	4	2	6	5	1
4	1	2	5	6	3	9	8	7
9	4	3	8	7	5	1	6	2
8	7	6	2	9	1	4	3	5
2	5	1	4	3	6	7	9	8
6	8	5	9	2	7	3	1	4
7	3	4	6	1	8	5	2	9
1	2	9	3	5	4	8	7	6

FORTY-THREE.

2	9	1	7	6	5	3	8	4
6	7	8	1	3	4	5	9	2
5	3	4	9	2	8	6	1	7
9	8	2	3	4	6	7	5	1
3	5	6	8	1	7	2	4	9
1	4	7	5	9	2	8	6	3
7	2	9	6	5	1	4	3	8
8	6	3	4	7	9	1	2	5
4	1	5	2	8	3	9	7	6

FORTY-FOUR.

MUSE PUBLISHING HOUSE

4	1	8	6	9	5	7	2	3
6	3	7	8	4	2	1	9	5
9	5	2	1	3	7	6	4	8
7	9	5	2	8	3	4	1	6
3	6	4	7	1	9	8	5	2
8	2	1	5	6	4	3	7	9
1	4	3	9	5	6	2	8	7
2	8	9	3	7	1	5	6	4
5	7	6	4	2	8	9	3	1

FORTY-FIVE.

2	7	9	1	3	4	5	8	6
3	4	8	6	9	5	7	1	2
6	5	1	8	2	7	9	3	4
4	6	2	3	7	1	8	9	5
9	1	7	5	8	2	4	6	3
5	8	3	4	6	9	1	2	7
7	2	6	9	4	8	3	5	1
1	9	4	2	5	3	6	7	8
8	3	5	7	1	6	2	4	9

FORTY-SIX.

Sakura Sudoku Series | Solutions

9	8	5	4	3	1	7	6	2
7	6	1	5	8	2	9	4	3
3	4	2	9	7	6	1	8	5
4	3	8	6	2	7	5	1	9
1	5	7	3	4	9	6	2	8
6	2	9	8	1	5	4	3	7
5	9	4	2	6	8	3	7	1
8	7	3	1	5	4	2	9	6
2	1	6	7	9	3	8	5	4

FORTY-SEVEN.

5	3	1	7	6	2	4	9	8
7	2	4	5	8	9	6	3	1
9	8	6	1	4	3	5	7	2
3	1	2	4	9	8	7	6	5
8	5	7	3	1	6	2	4	9
6	4	9	2	5	7	1	8	3
2	6	8	9	7	5	3	1	4
4	7	3	8	2	1	9	5	6
1	9	5	6	3	4	8	2	7

FORTY-EIGHT.

Sakura Sudoku Series | Solutions

8	9	2	4	5	7	3	1	6
5	6	3	1	8	2	9	7	4
7	1	4	3	9	6	5	8	2
3	2	1	6	4	8	7	5	9
6	4	7	9	1	5	8	2	3
9	5	8	2	7	3	6	4	1
4	8	6	7	2	9	1	3	5
1	7	9	5	3	4	2	6	8
2	3	5	8	6	1	4	9	7

FORTY-NINE.

7	2	9	4	8	3	6	1	5
3	4	5	2	6	1	9	7	8
1	8	6	5	9	7	4	2	3
8	1	4	9	3	5	2	6	7
5	6	3	1	7	2	8	4	9
2	9	7	8	4	6	3	5	1
6	3	2	7	5	9	1	8	4
9	5	8	6	1	4	7	3	2
4	7	1	3	2	8	5	9	6

FIFTY.

MUSE PUBLISHING HOUSE

Made in United States
Troutdale, OR
12/21/2023